MANUEL

DE

GYMNASTIQUE ÉLÉMENTAIRE

ACCOMPAGNÉ DE 97 FIGURES,

PAR

CHARLES EULER.

Directeur d'un établissement de gymnastique méthodique et orthopédique, professeur
de gymnastique aux écoles communales de St-Josse-ten-Noode et d'Ixelles, chargé
de donner des leçons normales aux instituteurs et moniteurs des écoles communales
de Bruxelles, membre de plusieurs sociétés.

Mens sana in corpore sano.

BRUXELLES
C. MUQUARDT
Même maison à Gand et à Leipzig.

PARIS
VICTOR MASSON ET FILS
Place de l'École de Médecine.

1864.

PRÉFACE

Je me rends aux sollicitations réitérées de mes élèves en publiant ce traité de gymnastique. Si j'ai attendu jusqu'à ce jour, c'est que j'espérais voir le gouvernement prendre enfin les mesures nécessaires pour l'instruction normale des professeurs de gymnastique. Je ne me souciais nullement de venir en aide à des hommes qui, par la seule raison qu'ils connaissent l'escrime ou qu'ils ont appris au régiment quelques exercices gymnastiques, s'imaginent posséder les capacités requises pour donner un cours complet et méthodique.

Chose étrange, un sous-officier, qui n'a affaire qu'avec des hommes robustes et choisis, reçoit une éducation sévère; le maître d'armes d'un régiment doit faire preuve publiquement, en présence de ses supérieurs et de ses camarades, d'adresse et de science; un maître d'écurie, un palefrenier même doit avoir certaines notions d'anatomie et de médecine vétérinaire pour donner de bons soins aux chevaux et ne pas les abîmer en les dressant; et l'enseignement de la gymnastique, qui concerne le précieux développement des forces humaines, qui s'adresse à l'âge le plus tendre, aux constitutions les plus faibles, est tout à fait abandonné au hasard, sinon à de misérables spéculations pécuniaires.

Jamais une administration communale, jamais un gouvernement ne pourront se flatter d'être à la hauteur de la pédagogie moderne, et de comprendre leur mission la plus essentielle, aussi longtemps qu'il ne se préoccuperont pas sérieusement de l'enseignement normal de la gymnastique et qu'ils ne veilleront pas à faire la part de cet enseignement dans l'instruction publique.

Puissent le gouvernement belge et surtout l'administration de la capitale persévérer dans la voie progessive où nous les voyons marcher, en prenant les mesures nécessaires pour former de bons professeurs de gymnastique. Il est indispensable que les instituteurs primaires possèdent, au sortir des écoles normales, une connaissance théorique et pratique complète de la gymnastique. Il s'agit de science tout autant que d'exercices, et il ne suffit nullement que cet enseignement soit laissé, comme nous l'avons vu souvent, à un ancien militaire étranger à toute pédagogie. Dans les écoles moyennes, du premier et du second degré, l'importance de cet enseignement n'est pas plus discutable, et il devra toujours être confié à des hommes de science et de progrès, capables d'en concevoir le côté moral, l'influence générale, populaire et patriotique.

Ces idées, qui commencent à se répandre et à agir efficacement en Belgique, en France, en Hollande, étaient reconnues par les anciens et ont été développées par tous les grands philosophes. Les Hellènes, il y a plus de deux mille ans, appréciaient parfaitement la connexion intime qui existe entre la gymnastique et la santé de l'âme. Nous en avons la preuve dans les paroles de Socrate adressées au jeune Epigènes.

La bonne éducation ne consiste pas seulement à cultiver la pensée par la science, mais à cultiver la volonté par la gymnastique. Le jeune homme doit apprendre à vouloir; il doit apprendre à maitriser ses caprices et ses passions, à se dominer, à diriger ses volontés et ses forces vers de grands et nobles desseins. Aussi l'ordre et la discipline doivent être bien plus sévères pendant les leçons de gymnastique que pendant les autres leçons. La discipline de la volonté, dans le premier âge, a une influence énorme sur toute la vie de l'homme. Combien de malheureux ne se trouveraient pas dans les maisons de santé, combien ne seraient pas traînés sur les bancs des cours d'assises, si, dans leur jeunesse, leur volonté avait été plus astreinte, plus habituée à l'ordre! D'autre part, une éducation molle ou simplement irrégulière est une cause déterminante du développement d'une foule de maladies même incurables, comme la pneumonie chronique et les maladies, aujourd'hui si fréquentes, de la moelle épinière. Le corps et l'âme sont énervés par la culture exclusive de l'esprit; leur force de résistance est affaiblie ou parfois brisée.

Je me suis inspiré de ces principes dans mes cours de gymnastique dont le présent manuel offre un résumé succinct. J'ai cru bien faire en expliquant, par des tableaux, les exercices qui forment la base de cet art, surtout dans les écoles communales. Ce *traité en tableaux* est destiné à rappeler aux élèves la méthode de l'enseignement qu'ils ont déjà reçu, afin de les habituer à le considérer scientifiquement, à l'*étudier* dans toute l'acception de ce mot.

Le lecteur qui désirera de plus amples développements, les trouvera dans mes publications antérieures. Si cette première édition trouve bon accueil, je m'empresserai d'y répondre par un exposé plus complet ou du moins plus approfondi de la science.

Bruxelles, rue Vandermeulen, 4, 1ᵉʳ juillet 1864.

MANUEL

DE

GYMNASTIQUE ÉLÉMENTAIRE.

I. EXERCICES LIBRES.

1. EXERCICES DES ARTICULATIONS.

N. B. Les termes techniques sont les commandements :

1. Attention ! Formez vos rangs !
2. Distance ! *a.* simple, *b.* double. Fig. 1, *a, b, c.*
3. En position ! — Fixe ! *a.* les bras sur le dos, Fig. 2, *a.*
   b. Les mains sur les hanches. Fig. 2, *b.*

1. *Exercices des articulations du pied.*

4. Élévation sur les pointes des pieds. Fig. 2, *c.*
5. Sautiller . . . . les jambes étendues et tendues.

2. *Exercices des articulations des genoux.*

a-b. Toucher ou frapper les fesses avec les talons.

Ces exercices se font :

6. *a.* Dans la position fondamentale, qui change de sorte qu'un
   pied reste à terre et l'autre touche la fesse sur un commande-
   ment donné. Fig. 3.
7. *b.* En sautillant !
8. *c.* En marchant !
9. *d.* En courant !
10. *e.* Des deux talons à la fois ! Fig. 4, *a.* sur place ! *b.* en avançant !

3. *Exercices des articulations crurales*

Ces exercices consistent à *lever* la jambe — le genou et le pied étendus :

1° En ligne droite, *a*. En avant. Fig. 5, *a*.

                     b. En arrière. Fig 5, *b*.

                     c. De côté. Fig. 6.

2° En ligne circulaire, Fig. 7, *a*. De devant en arrière.

                     b. D'arrière en avant.

Ils se font :

a. En balançant la jambe, c.-à-d. en levant vite la jambe.

b. Sans balancer » » » la jambe très-doucement.

Ils se font :

11. *a*. Dans la position fondamentale (voir exerc. 6), qui change de telle sorte, qu'une jambe est levée et que l'autre reste dans la position primitive. Fig. 5, *a*, *b*, Fig. 6.

12. *b*. En sautillant.

13. *c*. En marchant.

14. *d*. En courant.

15. *e*. En écartant les deux pieds à la fois :

1° En directions opposées, *a*. Par terre. Fig. 8.

                     b. En l'air.

16. 2° En croisant les jambes (pas croisé). Fig. 9. *a*. Pas croisé simple.

                     b. » double.

N. B. *a*. *Pas croisé simple*, il se fait : *un*, pas croisé gauche; *deux!* position fondamentale; *un!* pas croisé droit; *deux!* position fondamentale.

b. *Pas croisé double* : *un!* pas croisé gauche; *deux!* pas croisé droit; *halte!* position fondamentale.

4. *Exercices des articulations crurales et des genoux.*

Ces exercices, qui consistent à lever vite les *genoux en avant*, se font :

17. *a*. Dans la position fondamentale (voir exerc. 6 et 11). Fig. 10.

18. *b*. En sautillant.

19. *c*. En marchant.

20. *d.* En courant.
21. *e.* Les deux genoux ensemble, c.-à-d. en sautant sur place et en
avançant. Fig. 11.

5. *Exercices combinés des articulations crurales, des genoux et des
pieds, ou flexions des genoux.*

22. Petite flexion! Fig. 12.
23.   »   »   avec saut en l'air! Fig. 14.
24. Flexion profonde! Fig. 13 et
25.   »   »   avec saut en l'air! Fig. 14.

N. B. Le saut qui suit la flexion des genoux se fait en étendant
rapidement les genoux et en se poussant en l'air par une forte
extension des deux pieds et des deux genoux.

26. Flexion profonde avec marche dans la même position! (Exerc. 66.)
27.   »   »   » sautillement en avant, en arrière et de côté!
28. Écarter les deux jambes étendues de côté et plier alternativement les genoux. Exercices préparatoires du *moulinet pliant*
(Exerc. 58.) Fig. 43, *a*, *b*, combiné avec un bras. Fig. 43, *c*.
29. L'attaque ou passe. Fig. 35 *a*, avec le bras. Fig. 35, *b*.

6. *Exercices des articulations des hanches.*

Ces exercices se font :

30. En pliant le tronc en avant. Fig. 15, *a*.
31.   »   »   en arrière.   » *b*.
32.   »   »   du côté droit et du côté gauche. Fig. 16.
33. Mouvement circulaire du corps = circonduction ; la combinaison des exercices 30, 31, 32.
34. Rotation du tronc. Fig. 17, à droite et à gauche.
35. La pirouette d'un demi-tour, d'un tour, à droite et à gauche.

7. *Exercices des articulations du cou.*

36. Flexion de la tête en avant. Fig. 18.
37.   »   »   en arrière.   »
38.   »   »   à droite et à gauche. Fig. 19.
39. Circonduction ou mouvements combinés, Exerc. 36, 37, 38, à
droite et à gauche.
40. Rotation de la tête de droite à gauche et vice-versâ. Fig. 20.

2. EXERCICES AVEC LES HALTÈRES OU DOUBLES BOULES.
EXERC. 41-61.

Ces exercices peuvent se faire alternativement avec ou sans haltères. Dans le premier cas, l'exerc. 41 sera plus aisé et les autres deviendront plus efficaces.

8. Exercices des articulations du poignet

41. Rotation !

9. Exercices des articulations des coudes.

42. La pulsion, ou extention rapide de l'avant-bras. *a*. Position ! Fig. 21, *a*; *b*. un ! Fig. 21, *b*.

10. Exercices des articulations des épaules.

43. Le demi-cercle horizontal. *a*. Position ! Fig. 22, *a*.
       b. Un ! Fig. 22, *b*.
44.   ˶   vertical. C'est l'exercice préparatoire de la sau-
    terelle, Exerc. 61. *a*. Un ! Fig. 23 *a*.
          b. Deux ! ˶ *b*.
45.   ˶   latéral. Position ! Fig. 24, *a*.
46. Le moulinet à côté, alternativement et simultanément avec les deux bras. *a*. En avant, Fig. 25. *a*; *b*. en arrière, Fig. 25, *b*.
47. Le moulinet avant le corps.
48. L'entonnoir. Fig. 26.

11. Exercices combinés des épaules et des coudes.

49. La tension des bras en haut (Exerc. 30), Fig. 15 *a*. Position ! — *b*. un ! *c*. deux !
50. Pulsion (pousser en haut) Fig. 27, *a*. Position ! *b*. un !
51. ˶   ˶ en avant.
52. ˶   ˶ à côté. Fig. 28 *a*. Position ! — *b*. un !

12. Exercices combinés des trois articulations des bras.

53. Pousser en bas. Fig. 29. *a*. Position ! — *b*. un !

13. Exercices faits par tout le corps.

54. Balancement à bras étendus, tout le corps se tenant raide. Position ! Fig. 30.

55.   »   »   libres. Fig. 31.

56.   »   »   »   en faisant un tour. La rotation se fait sur la plante d'un pied.

57. Balancement précipité. Fig. 32.

58. Le moulinet pliant. (Exerc. 28.) Fig. 43, c; Fig. 36, a, b, c.

59.   »   »   en sautant du côté. En sautant à droite, le pied gauche vient à la place du pied droit.

60. Le scieur de bois. Fig. 34, a, b.

61. La sauterelle sur place et en avançant. Fig. 37, a, b.

3. LA MARCHE.

62. La marche en deux ou quatre temps (Exerc. 8) en touchant la fesse avec le talon.

63.   »   en étendant les jambes en 2, 4 et 6 temps. Exerc. 13.

64.   »   sur les pointes des pieds, en tenant les genoux raides.

65.   »   en levant les genoux en avant. Exerc. 19.

66.   »   accroupie. Exerc. 26.

67.   »   du vanneau, en six temps.

68.   »   »   avec deux pas croisés, en cinq temps.

69.   »   »   »   pas coupé, en six temps.

70.   »   »   »   »   et deux pas croisés en cinq temps.

71. Deux bonds sur place sur un pied, suivis de la marche du vanneau en cinq temps.

72. Même exercice au pas coupé en cinq temps.

73. Idem suivis de deux pas croisés en sept temps.

4. LA COURSE.

74. Course lente ordinaire. a. En ligne droite.

b.   »   serpentine.

c. En cercle.

d. En zigzag.

e. En spirale.

75. Course accélérée.
76. Course pour le prix d'honneur.
77. Courir en touchant les fesses avec les talons. Exerc. 9.
78.   »   en étendant les genoux. Exerc. 14.
79.   »   sur les pointes des pieds, en tenant les genoux raides.
80.   »   en élevant les genoux en avant. Exerc. 20.
81. Course du vannneau. Exerc. 67-73.

5. LE SAUT.

82. Sauter à pieds joints, la sauterelle. Exerc. 64. *a*. En largeur ; *b*. en tournant un demi-tour.
83. Sauter, partant alternativement du pied droit et gauche.
84.   »   en touchant la fesse avec les talons alternativement. Exerc. 7.
85.   »   en touchant les fesses avec les talons ensemble. Exerc. 10.
86.   »   en étendant les genoux. Exerc. 12.
87.   »   en écartant les deux jambes étendues à côté en l'air. *a*. Sur place ; *b*. en avançant. Exerc. 15, *b*.
88. Sauter avec pas croisé. *a*. Sur place.
                             b. En avançant. Fig. 9, Exerc. 16, *b*.
89.   »   en élevant les genoux en avant. Exerc. 18.
90. Le même exercice avec les deux genoux ensemble. Fig. 11, Exerc. 21.

COMBINAISONS.

Ces exercices peuvent maintenant se combiner de différentes manières, p. ex. :
a. Moulinet du bras droit en avant et en arrière
b.   »   »   gauche   »   »   combinés à
c.   »   des deux bras simultanément

1. La marche, en touchant les fesses avec les talons. Exerc. 7.
2. Le saut,   »   »   »   » 8.
3. La course,   »   »   »   » 9.
4. La marche et la course sur les pointes des pieds.
5. L'exerc. 4 à côté — alignement, en marchant et en courant.

6. La marche,   avec les genoux étendus. Exerc. 12.
7. Le sautillement,   »   »   »   13.
8. La course,   »   »   »   14.
9. La marche,   en levant les genoux en avant.
10. Le sautillement,   »   »
11. La marche,   avec flexion profonde des genoux.
12. Le sautillement,   »   »   »

N. B. Les exercices de la *marche* et de la *course* se font en avançant, en reculant ou de côté. La *pulsion* avec les bras en haut, en bas et à côté se combine aisément avec les exercices de la *course*, du *saut* et de la *marche*, p. ex. la *pulsion avec deux bras* à la fois *se combine* facilement avec les exercices suivants :

1. La marche en 2 et 4 temps, en touchant les fesses avec les talons.
2. Le sautillement,   »   »   »
3. La course,   »   »   »
4. Le saut, en touchant les fesses avec les deux talons ensemble.
5. La marche et la course sur les pointes des pieds.
6.   »   avec extension des jambes en quatre temps. Exerc. 13.
7. Le sautillement. Exerc. 12.
8. La course. Exerc. 14.
9. Extension latérale avec cabrioles en l'air. Exerc. 87.
10. La marche   en élevant les genoux en avant en quatre temps.
11. Le sautillement.
12.   »   accroupi, sur place et en avançant, et en
13. Se relevant toujours par saut. Exerc. et 25 combinés.

De la même manière se combine le *demi-cercle horizontal*, Exerc. 43, et *vertical*, Exerc. 44. — Les *flexions latérales*, en arrière et en avant, Exerc. 30, 31, 32, se combinent facilement avec la *marche* simple.

II. EXERCICES DU BATON.

1. Le bâton devant ou derrière le corps. Fig. 38, *a*, *b*.
2. Passer avec le bâton au-dessus de la tête. } le bâton devant
   Fig. 38, *c*.   } ou derrière le
3. Passer avec le pied au-dessus du bâton. Fig. 39. } corps.

4. Les mains ⎰ au-dessus du bâton, combinés avec les exercées
5. Les bras ⎱ libres, notamment avec la marche. Fig. 40, *a*, *b*.
6. Le moulinet ou cercle en dedans. Fig. 41, *a*. La position !

b. Le cercle en dedans.

7.   »   »   en dehors. Fig. 42.
8. Les exercices 6 et 7 combinés, ou le huit courbé.
9. Tourner le corps par-dessous le bâton. Fig. 43, *a*, *b*.
10. Pousser avec un ou deux bâtons. Fig. 44, *a*, *b*.
11. Arracher le bâton à son adversaire en le tournant.
12. Tirer avec le bâton en position assise. Fig. 45.

III. SAUTER A LA CORDE.

1. Sauter et courir à la petite corde.

a. La corde est derrière le corps.
b.   »   devant   »

  On peut faire ces exercices de la manière suivante :

1. Des deux pieds, d'un seul bond à chaque coup de la corde.
2. D'un seul pied,   »   »   »
3. Faire deux bonds en un coup de la corde. On compte : un !
    deux ! Au commandement de *un !* on saute au-dessus de la
    corde, et l'on compte *deux !* si la corde se trouve au-dessus
    de la tête. Ou l'on compte *quatre !* on saute alors à *un* et *trois*
    au-dessus de la corde, et à *deux* et *quatre*, si la corde se trouve
    au-dessus de la tête.
4. En courant en avant et en arrière.
5.   »   avec tension des jambes. Exerc. libre 14.
6. Exerc. 5 en quatre temps, en sautillant deux fois avec chaque
    pied.
7. Avec un cercle de corde à droite.
8.   »   »   à gauche.
9.   »   »   »   , *un !* — à droite, *deux !* — et
    sauter par-dessus la corde sur *trois !* en avant et en arrière.
10. Le pas croisé sur la place et en avançant. Exerc. libre, 16, *b*.
11. En croisant les bras.

12. Dans la course du vanneau. Exerc. 67-73.
13. En courant et en sautant sur la longue planche.
14. Ces exercices peuvent se faire à deux élèves, sautant dans une même corde, excepté les Exerc. 7, 8, 9, 11, 13.

2. *Exercices à la longue corde.*

Ils consistent :

15. A passer par-dessous la corde en courant.
16. Id., par sections d'élèves.
17. A sauter par-dessus la corde.
18. Id., par sections d'élèves.

IV. LE SAUT LIBRE.

Ces exercices consistent :

1. A sauter en longueur.
2. Id., en faisant un demi-tour.
3. A sauter en hauteur par-dessus la corde tendue horizontalement. Fig. 46.
4. Id., en faisant un demi-tour.

V. LA COURSE ET LE SAUT

PAR-DESSUS LA LONGUE PLANCHE.

Ces exercices sont les suivants :

1. La course sur la planche. Elle se fait à droite, gauche, et on retombe à droite. Fig. 47.
2. »   »   »   à gauche, droite, et on retombe à gauche.
3. »   »   »   à droite, gauche, en faisant un demi-tour à droite et en courant en bas avec deux pas pour retomber sur les deux pieds ensemble.
4. La course sur la planche gauche, droite, en faisant un demi-tour à gauche, et en courant en bas avec deux pas, pour retomber sur les deux pieds ensemble.

5. On passe à droite, à gauche la planche et on retombe sur les deux pieds ensemble.

6. Ce même exercice gauche, droite en passant la planche.

7. On passe la planche en un pas. *a.* Pied droit.

8. » » » *b.* Pied gauche.

9. Dans les exercices 5-8 la planche monte graduellement en hauteur,

10. Ou l'on saute par-dessus la corde tendue horizontalement. Fig. 48.

VI. EXERCICES DE TRACTION.

Ils consistent :

1. A tirer avec les mains en reculant. Fig. 49.

2. » le dos » Fig. 50.

3. » le cou » Fig. 51.

4. » » et les épaules en avançant. Fig. 52.

5. Ce même exercice se fait en se tenant sur les mains et les pieds Fig. 53.

6. Tirer avec le bâton étant assis. Exerc. du bâton 12. Fig. 45.

VII. GRIMPER.

1. A l'aide des mains et des pieds.

1. Grimper à la corde à boules, Fig. 55, des deux pieds ensemble

2. » » à échelons, Fig. 56, » »

3. * » » assis. Fig. 57.

4. » à la perche. Fig. 58.

5. » au mât.

6. » à la corde. Fig. 59.

2. A l'aide des mains seules.

7. A la corde.

8. A la perche.

9. Aux deux perches. Fig. 60.

VIII. EXERCICES DE L'ÉCHELLE HORIZONTALE.

1. A un côté de l'échelle.

Ces exercices consistent :

1. A avancer des deux mains en tenant le corps droit et tranquille. Fig. 61.
2. » des deux mains en balançant le corps à droite et à gauche. Fig. 62.
3. » en étendant les jambes en avant et en arrière. Fig. 63. Exerc. libre 13.
4. » en frappant les pieds alternativement en bas. Fig. 64.
5. » en accroupi, c.-à-d. en élevant horizontalement les genoux, les pieds en bas. Fig. 65.
6. » avec les deux mains ensemble = sauter.
7. » à bras pliés. Fig. 66.
8. Exerc. 7 en sautant, c.-à-d. avec les deux mains ensemble.

2. A un côté et aux échelons, à droite et à gauche, en avant et en arrière.

Ils consistent :

9. A avancer. Fig. 67.
10. » en passant un échelon.
11. » en se balançant à côté.
12. » avec tension. Voyez exerc. 3. Fig. 63.
13. » en accroupi. » 5. » 65.
14. » par saccades, c.-à-d. en avançant les deux mains à la fois.
15. » les bras pliés.
16. Ce même exercice par saccades.

3. A deux côtés en avant et en arrière.

Ces exercices consistent :

17. A avancer en balançant latéralement. Fig. 68.
18. » en tenant le corps tranquille, c'est-à-dire sans le balancer.

19.   »   en étendant les jambes raides en avant et en arrière.
             Fig. 63. Exerc. libre 13.
20.   »   dans la position accroupie.
21.   »   par saccades.
22.   »   à bras pliés.
23.   »   »   par saccades.

4. Aux échelons.

a. Les flancs tournés dans la direction de l'échelle.

Ces exercices consistent :

24. A avancer latéralement en passant un ou deux échelons et en se
             balançant à gauche et à droite. Fig. 69.
25.   »   en courbant les bras.
26. Même exercice des deux mains à la fois, plus facile que l'exer-
       cice 30.

b. La face tournée dans la direction de l'échelle.

27. A avancer et à reculer. Fig. 70.
28.   »   »   en passant un ou deux échelons. Le bras
             étendu passe latéralement le long du corps pour re-
             monter ensuite et saisir l'échelon. Fig. 71.
29.   »   à bras pliés alternativement.
30.   »   »   et par saccades.

IX. EXERCICES DE L'ÉCHELLE OBLIQUE.

1. Sous ou derrière l'échelle.

1. Monter de deux côtés de l'échelle en se balançant et en alternant
       les mains. Les bras droits. Fig. 72. Cet exercice peut être fait
       par les enfants de dix ans, garçons ou filles.
2. Même exercice, tenant une main à l'échelon, l'autre au montant
       de l'échelle, alternativement à droite et à gauche.
3. Exercice 1 ⎰ sans balancer, à bras pliés en tenant le corps tran-
4.   »   2 ⎱   quille. Fig. 73.

5. Monter aux échelons, les bras pliés.
6.   »   à deux côtés par saccades, c'est-à-dire les deux bras
  pliés à la fois.
7. Même exercice, une main à côté et l'autre main aux échelons.
8.   »   aux échelons seuls.
9. Se glisser à travers les échelons, en commençant par les pieds.
10.   »   »   »   »   par la tête.

2. Sur ou devant l'échelle.

11. Monter l'échelle en s'appuyant sur les bras. Fig. 74.
12.   »   en se tirant en haut. Fig. 75. Les coudes et les
  pieds restent toujours aux montants de l'échelle.
13. Exerc. 11 et 12 combinés.
14. Passer à la renverse les échelons, la tête en avant.

X. EXERCICES AUX BARRES.

A. *Entre les barres.*

1. ALLER.

Ces exercices consistent :
1. A aller en avant et en arrière. Le corps droit et tranquille, sans
  la moindre oscillation. Fig. 76.
2.   »   en frappant des pieds alternativement vers la terre.
3. Même exercice les deux mains et les deux pieds ensemble = par
  bonds.
4. Exerc. 1, par bonds, c.-à-d. les deux mains ensemble. Beau-
  coup plus difficile que l'exercice 3.
5. A aller en étendant les jambes en avant et en arrière = *marcher*.
    Fig. 79. Exerc. libre 13.
6.   »   en accroupi, Fig. 80, en alternant les mains et à la fois
    (par bonds).
7.   »   en avant et en arrière en fourchant les deux barres, der-
    rière les mains. Fig. 81.

8. 	» 	en ployant les bras autant que possible.
9. 	» 	» 	par bonds, c'est-à-dire les deux mains ensemble, en tenant le corps tranquille. Fig. 78.
10. 	» 	alternant, les coudes posés sur les barres. Fig. 77.
11. A valser, c'est-à-dire à se tourner en avançant en rotation en s'appuyer alternativement sur une ou les deux barres.
12. A aller dans la suspension aux deux barres. Fig. 82, *a*.
13. 	» 	» 	à une barre. Fig. 82, *b*.

H. ALLER ETANT ASSIS.

1. A bras tendus.

14. Aller en avant sur les deux barres. Fig. 83.
15. 	» 	arrière 	» 	»

16. Exerc. 14 par bonds. ⎰ Au moment où les jambes se balancent en
17. 	» 	15 	» 	avant, les mains s'avancent avec force pour faire un saut en avant et faire retomber *en même temps* les mains et les jambes.

18. On se trouve au commencement entre les barres, on met les mains bien en avant, on saute les bras tendus, balançant les jambes en avant. On vient au bout des barres s'asseoir sur les deux barres. Les deux mains s'appuient sur les bouts des barres et l'on saute à terre.
19. A aller en avant et en arrière sur la barre de gauche en s'enfourchant ou s'asseyant sur les fesses, c'est-à-dire assis sur une ou sur deux jambes ensemble.
20. A aller en avant et en arrière sur la barre droite, etc.

2. Aller, les coudes posés sur les barres.

21. Sur les deux barres en avançant et en reculant. Fig. 84, *a*. *b*.

3. A bras pliés.

22. Sur les deux barres en avant et en arrière.
23. Même exercice en sautant en avant et en arrière.

— 23 —

III. BALANCER.

Les exercices consistent :

24. A se balancer à bras tendus. Fig. 85.
25.   »   les coudes posés sur les barres. Fig. 86.
26.   »   les bras courbés. Fig. 78.
27. Plier les bras en balançant en arrière. On se balance à bras ten-
    dus et lorsque les jambes en arrière sont arrivées à une cer-
    taine hauteur, on plie les bras, pour les étendre tout de suite.
28. Même exercice en pliant tellement les bras qu'une épaule touche
    l'une ou l'autre barre.

IV. LA VOLTIGE.

Cet exercice consiste :

29. Exerc. 24-28 à se balancer et retomber à terre au milieu des
    barres, en tournant à côté, les deux mains sur une barre.
30. A se balancer et se lancer en avant par-dessus une barre, à
    gauche ou à droite, à terre. Fig. 87.
31. Même exercice et se lancer en arrière par-dessus une barrière,
    à gauche ou à droite, à terre. Fig. 88.
32. A mettre les mains en avant, balancer entre les barres en avant
        et sortir à la fin des barres en se tournant à côté
        avec une main sur une barre.
33.   »   les mains en avant, et s'élancer en avant, par-dessus
        une barre.
35.   »   les bras en avant, se balancer en avant (*un!*) et en ar-
        rière (*deux!*) en se lançant ensuite par-dessus une
        barre à gauche ou à droite, à terre.

V. LE CHANGEMENT DE SIÈGE, LES BRAS ÉTENDUS, CONSISTE :

34. A s'asseoir devant la main sur une ou deux jambes, lancer les
    jambes dans la même position sur la barre opposée avec ou
    sans balancement entre les barres.
36. Même exercice, s'asseyant derrière les mains.
37. A s'asseoir devant la main sur une ou deux jambes, se transpor-
    ter derrière la main dans la même position :

a. sur la même barre, ou

38. *b.* sur la barre opposée.

VI. SIÉGE DE DEVANT OU DE DERRIÈRE LA MAIN, ON FAIT LA VOLTIGE EN AVANT ET EN ARRIÈRE PAR-DESSUS LA BARRE.

39. Le siége sur une barre et sur une ou deux jambes devant la main et en se lançant à terre par-dessus la barre opposée, ou

40. Se balancer en arrière et se lancer à terre = *a.* par-dessus la barre du même côté, ou = *b.* par-dessus la barre du côté opposé.

41. Le siége derrière la main sur une barre et sur une ou deux jambes et se balancer à terre par-dessus la barre opposée, ou

42. En se balançant en avant à terre = *a.* par-dessus la même barre, ou = *b.* par-dessus la barre opposée.

VII. PLIER LES BRAS.

Cet exercice consiste :

43. A plier les bras aussi bas que possible. Fig. 76 et 78.

44. » et toucher avec la bouche l'une et l'autre barre devant ou derrière la main.

45. » mettre les coudes sur les barres alternativement ou tous les deux à la fois et à se relever de la même manière, c'est-à-dire la combinaison des trois manières à appuyer. Fig. 76, 77 et 78.

46. A s'élever du bras supérieur sur le bras inférieur.

47. VIII. SUSPENSION TRANSVERSALE AUX BARRES. Fig. 89, *a. b.*

48. IX. FLEXION DU CORPS DEVANT LES BARRES, *a.* LES MAINS ACCROCHÉES AUX DEUX BOUTS DES PARALLÈLES. Fig. 90, *a.* ou

49. *b.* Les mains accrochées à l'extérieur d'une barre. Fig. 90, *b.*

B. *Saut des parallèles.*

On prend un petit élan, on saute les pieds joints sur la planche qui se trouve devant les barres, on met les deux mains vis-à-vis sur les deux barres et l'on fait l'exercice commandé. Ces exercices, qui se font à droite et à gauche, consistent :

50. A lancer les jambes en arrière par-dessus la première barre et retomber à terre entre les barres en se tournant de côté, les deux mains sur une barre. Exerc. 29.

51.   »   les jambes en arrière par-dessus la première barre et les balancer entre les parallèles en avant et sauter à terre en avant, *a.* par-dessus la seconde barre, ou

52. *b.* par-dessus la même barre. Exerc. 30.

53. A lancer les jambes en arrière et s'asseoir derrière la main sur la seconde barre sur une ou deux jambes, et se lancer de retour par-dessus les deux barres sur la planche.

54.   »   les jambes en arrière par-dessus les deux parallèles à terre.

55. A s'asseoir devant les mains sur les deux barres en n'appuyant qu'une main et en se donnant un élan avec un pied.

56. A se lancer en avant par-dessus les deux barres en n'appuyant qu'une main et en se donnant un élan avec un pied.

57. A s'asseoir derrière les mains sur les deux barres en n'appuyant qu'une main et en donnant un élan avec un pied.

58. A se lancer derrière les mains par-dessus les deux mains en n'appuyant qu'une main et en se donnant un élan avec un pied.

XI. EXERCICES A LA BARRE HORIZONTALE.

La barre horizontale est à la hauteur des yeux.

1. On est debout devant la barre, on y met les deux mains, et la jambe gauche tombe en ligne verticale. Par un simple élan on jette les deux jambes tendues et fermées en avant sur la barre, Fig. 94, *a, b,* sur laquelle on se lève en tendant les bras. Alors, on change les mains de position, de sorte que le dos de la main se trouve en arrière; on se plie en avant et on se balance dans cette direction doucement à terre.

2. On repose sur la barre en se suspendant par la main et l'épaule gauches et de l'autre côté par la main droite et le genou droit.

Fig. 92. on se balance aussi fort que possible en avant et en arrière par la jambe gauche bien tendue jusqu'à ce qu'on soit parvenu *a.* par-devant ou *b.* par-derrière sur la barre. La descente se fait maintenant :

a. comme à l'exercice 1, ou

b. on se met sur la barre en se tenant plus par le haut de la cuisse droite ; la jambe gauche passe sur la barre, de façon à être assis sur les deux jambes, le dos des mains tourné en avant, les mains placées à côté et l'on se laisse tomber par-derrière dans les genoux, et l'on retombe doucement à terre, ou

c. L'on tient tout le corps tendu de façon à toucher la barre des reins, et dans cette position on fait la culbute par derrière avec l'aide du professeur.

3. Ce même exercice se fait à gauche, c'est-à-dire que le genou gauche, l'épaule et la main droite reposent sur la barre.

4. Le genou droit entre les deux mains. Fig. 93, *a.*

5. Les deux mains du côté intérieur du genou droit. Fig. 93, *b.*

Dans cette position (Exerc. 3 et 5) on se balance aussi fort que possible par la jambe gauche bien tendue, jusqu'à ce qu'on soit parvenu *a.* par-devant, ou *b.* par-derrière, sur la barre.

La descente comme aux exercices 1 et 2.

6. Le même exercice à gauche.

7. L'exercice 1 est souvent répété en ce que l'on reste couché sur la barre. Fig. 91, *b.*

8. On fait les exercices 2, 3, 4, 5, 6, et l'on se balance plusieurs fois *a.* en avant, *b.* en arrière, autour de la barre.

2. Saut de la barre.

La barre se trouve à la hauteur des hanches.

9. On prend un petit élan, on saute, les pieds joints, devant la barre ; la main droite prend la barre d'en bas, la main gauche celle d'en haut, et les deux jambes tendues sont jetées à terre par-dessus la barre. Fig. 94. Les deux mains doivent tenir la barre, aussi longtemps que l'exercice n'est pas fini.

10. Le même exercice se fait à droite; dans cet exercice la main gauche prend la barre d'en bas et la main droite celle d'en haut.

11. Saut par-dessus la barre. La main droite s'appuie sur la barre et le pied gauche donne l'élan; les deux jambes tendues se balancent, devant la main droite — par-dessus la barre — à terre; à ce moment les mains changent de position, la main gauche prend la barre, et la main droite s'en détache.

12. Le même exercice se fait à gauche, le pied droit donne l'élan.

13. Le saut des chats, avec et sans élan, c'est-à-dire qu'on saute sur la barre avec les deux pieds ensemble entre les mains.

14. Passer en position accroupie la barre, les pieds entre les bras :
 a. les mains lâchant la barre,
 b.   »   tenant la barre (plus difficile).

3. Le saut en dessous de barre: en combinaison de la corde placée devant la barre, Fig. 91 » et Fig 97.

La corde est éloignée de la barre d'un demi-mètre; la hauteur à laquelle la corde est placée va en augmentant jusqu'à ce qu'elle atteigne celle de la barre, c'est-à-dire la hauteur d'homme.

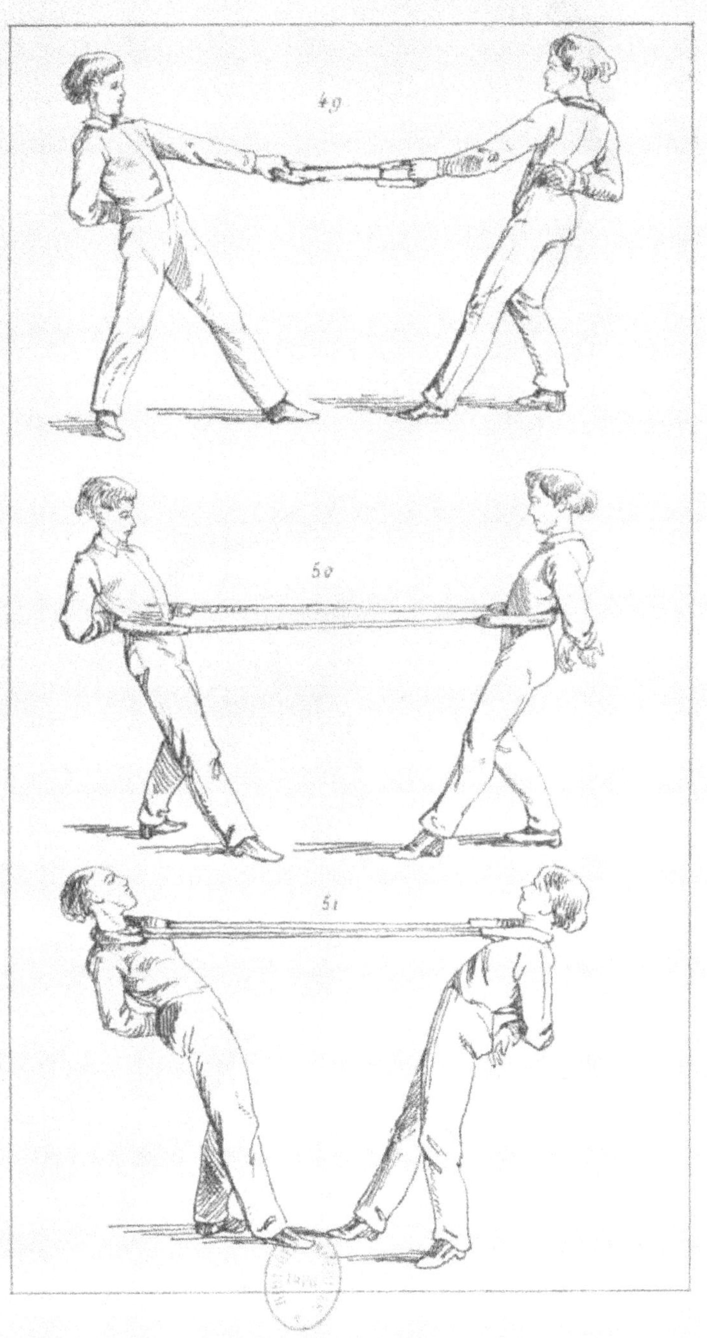

49
50
51

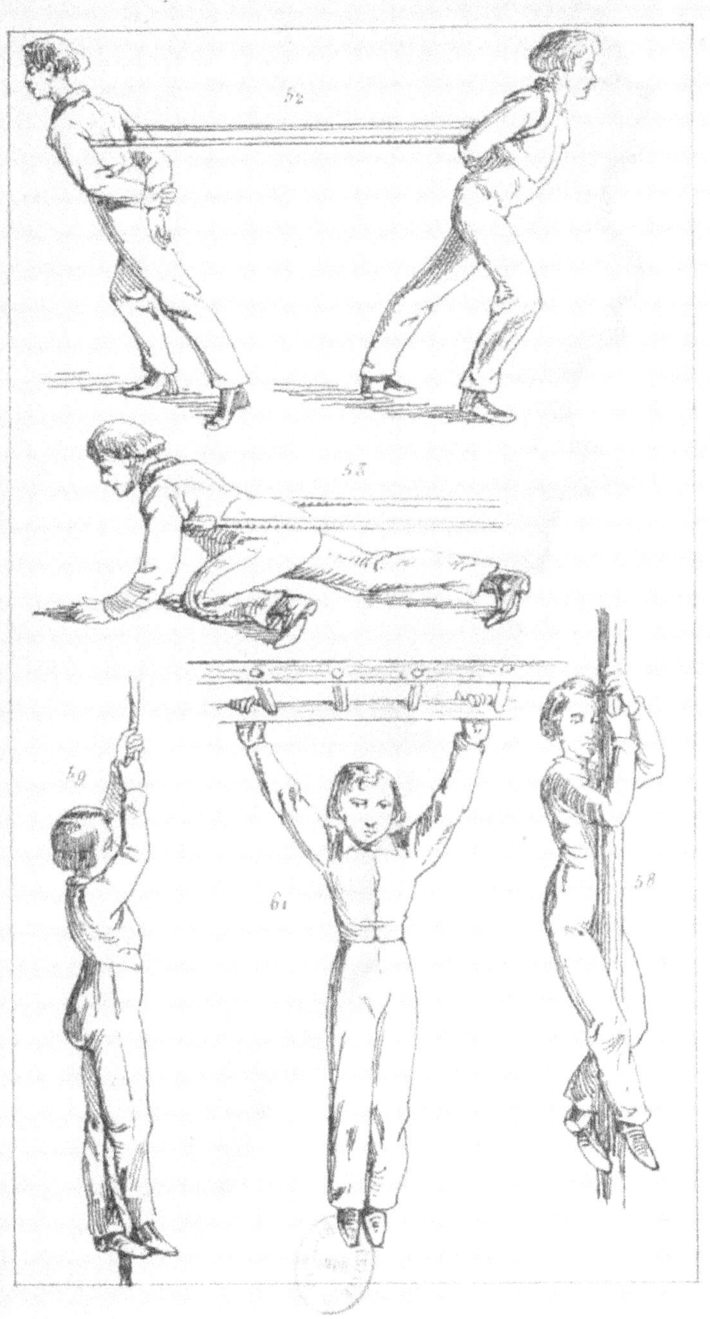

65
63
66
64

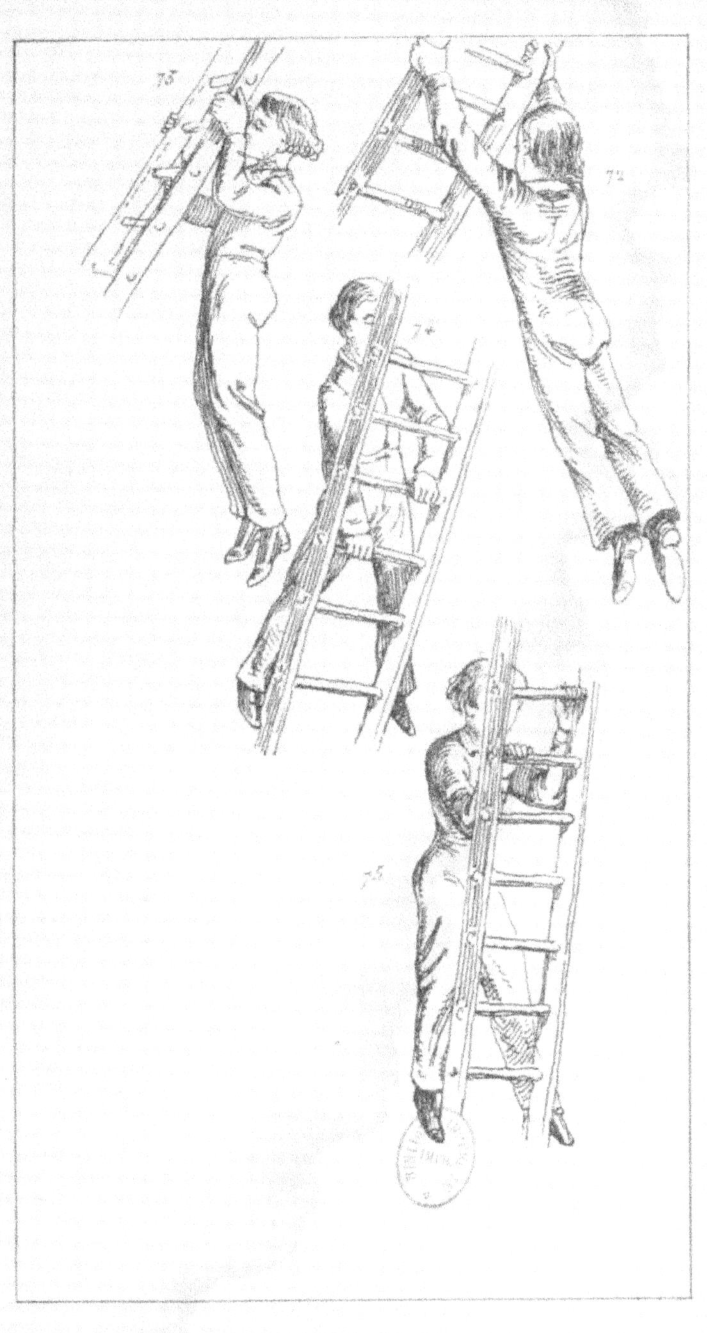

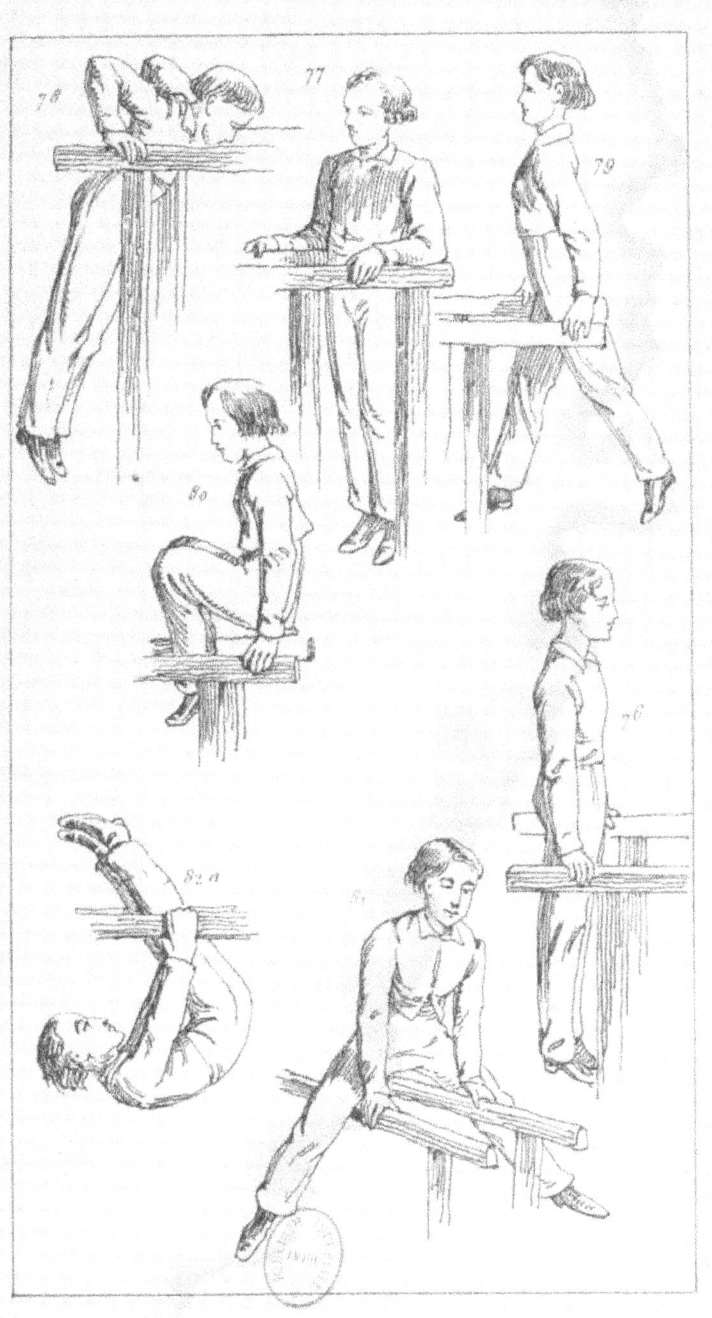

86
87
88

www.ingramcontent.com/pod-product-compliance
Ingram Content Group UK Ltd.
Pitfield, Milton Keynes, MK11 3LW, UK
UKHW022121170726
13837UKWH00003B/1289